Vorwort

Kleine saftige Kuchen aus dem Glas! Wer kann da widerstehen? Zudem eignen sich diese kleinen Kuchen originell verpackt als Geschenk. Der Kuchen hält sich im Glas ca. 3 Monate. In Verbindung mit dem Thermomix lassen sich die Teige schnell und einfach vorbereiten. Man braucht kein gesondertes Einkochgerät, da alles im Ofen gebacken wird. Ich wünsche Ihnen viel Spaß mit meinem Buch.

Inhaltsangabe

Milchmädchen Kuchen im Glas
Karamell Kuchen im Glas
Rum Kuchen im Glas
After Eight Kuchen im Glas
Apfel Marzipan Kuchen im Glas
Gummibärchen Kuchen im Glas
Schwarzwälder Kirsch Kuchen im Glas
Kokos Rum Kuchen im Glas
Pflaumenmus Zimt Kuchen im Glas
Macadamia Weiße Schokolade Kuchen im Glas
Schoko Chili Kuchen im Glas
Lebkuchen im Glas

Nachtrag zum Impressum/ Copyright

Spekulatius Kuchen im Glas

Zutaten
5 Eier
200 g Zucker
1 Pck. Vanillezucker
250 g Öl
250 g Sahne
250 g Mehl
1 TL Spekulatiusgewürz
½ TL Zimt
1 Pck. Backpulver

12 Gläser für jeweils 240 ml Inhalt
etwas Butter und Semmelbrösel für die
Gläser

Zubereitung
Alle Zutaten in den Mixtopf geben. Auf Stufe 5/ 1
Minute rühren. Den Teig nach unten schieben und
nochmals 30 Sekunden auf Stufe 5 rühren. Die Gläser
mit Butter gut einfetten und mit Semmelbrösel einstreuen.
Nun die Gläser zur Hälfte mit Teig befüllen und auf das
Backblech stellen. Bei 180 Grad Ober und Unterhitze ca.
30 Minuten backen. Danach die Gläser sofort
verschließen.

Kokos Kuchen im Glas

Zutaten
5 Eier
200 g Zucker
1 Pck. Vanillezucker
250 g Öl
250 g Sahne
250 g Mehl
100 g Kokosraspeln
½ TL Zimt
1 Pck. Backpulver

12 Gläser für jeweils 240 ml Inhalt
etwas Butter und Semmelbrösel für die
Gläser

Zubereitung
Alle Zutaten in den Mixtopf geben. Auf Stufe 5/ 1
Minute rühren. Den Teig nach unten schieben und
nochmals 30 Sekunden auf Stufe 5 rühren. Die Gläser
mit Butter gut einfetten und mit Semmelbrösel einstreuen.
Nun die Gläser zur Hälfte mit Teig befüllen und auf das
Backblech stellen. Bei 180 Grad Ober und Unterhitze ca.
30 Minuten backen. Danach die Gläser sofort
verschließen. Nach Belieben dekorieren und verschenken.

Aprikosen Traum im Glas

Zutaten
5 Eier
200 g Zucker
1 Pck. Vanillezucker
250 g Öl
250 g Sahne
250 g Mehl
100 g Aprikosen, getrocknet
50 g Mandelsplitter
1 Pck. Backpulver

12 Gläser für jeweils 240 ml Inhalt
etwas Butter und Semmelbrösel für die
Gläser

Zubereitung
Alle Zutaten in den Mixtopf geben. Auf Stufe 5/ 1
Minute rühren. Den Teig nach unten schieben und
nochmals 30 Sekunden auf Stufe 5 rühren. Die Gläser
mit Butter gut einfetten und mit Semmelbrösel einstreuen.
Nun die Gläser zur Hälfte mit Teig befüllen und auf das
Backblech stellen. Bei 180 Grad Ober und Unterhitze ca.
30 Minuten backen. Danach die Gläser sofort
verschließen.

Stracciatella Kuchen im Glas

Zutaten
5 Eier
200 g Zucker
2 Pck. Vanillezucker
250 g Öl
250 g Sahne
250 g Mehl
150 g Schokotropfen
1 Pck. Backpulver

12 Gläser für jeweils 240 ml Inhalt
etwas Butter und Semmelbrösel für die
Gläser

Schokoladen Kuvertüre

Zubereitung
Alle Zutaten in den Mixtopf geben. Auf Stufe 5/ 1
Minute rühren. Den Teig nach unten schieben und
nochmals 30 Sekunden auf Stufe 5 rühren. Die Gläser
mit Butter gut einfetten und mit Semmelbrösel einstreuen.
Nun die Gläser zur Hälfte mit Teig befüllen und auf das
Backblech stellen. Bei 180 Grad Ober und Unterhitze ca.
30 Minuten backen. Kuvertüre nach Packungsanweisung
schmelzen und den Kuchen damit verzieren. Danach die
Gläser sofort verschließen.

Glühwein Kuchen im Glas

Zutaten
5 Eier
200 g Zucker
1 Pck. Vanillezucker
250 g Öl
100 g Sahne
150 g Glühwein
1 TL Orangenschale
1 TL Zitronenschale
250 g Mehl
1 TL Glühweingewürz
½ TL Zimt
1 Pck. Backpulver

12 Gläser für jeweils 240 ml Inhalt
etwas Butter und Semmelbrösel für die
Gläser

Zubereitung
Alle Zutaten in den Mixtopf geben. Auf Stufe 5/ 1
Minute rühren. Den Teig nach unten schieben und
nochmals 30 Sekunden auf Stufe 5 rühren. Die Gläser
mit Butter gut einfetten und mit Semmelbrösel einstreuen.
Nun die Gläser zur Hälfte mit Teig befüllen und auf das
Backblech stellen. Bei 180 Grad Ober und Unterhitze ca.
30 Minuten backen. Danach die Gläser sofort
verschließen. Eignet sich als hübsches Geschenk für
Weihnachten.

Heidelbeere Vanille Kuchen im Glas

Zutaten
5 Eier
200 g Zucker
2 Pck. Vanillezucker
250 g Öl
250 g Sahne
250 g Mehl
100 g Heidelbeeren
1 Pck. Backpulver

12 Gläser für jeweils 240 ml Inhalt
etwas Butter und Semmelbrösel für die
Gläser

Zubereitung
Alle Zutaten in den Mixtopf geben. Auf Stufe 5/ 1
Minute rühren. Den Teig nach unten schieben und
nochmals 30 Sekunden auf Stufe 5 rühren. Die Gläser
mit Butter gut einfetten und mit Semmelbrösel einstreuen.
Nun die Gläser zur Hälfte mit Teig befüllen und auf das
Backblech stellen. Bei 180 Grad Ober und Unterhitze ca.
30 Minuten backen. Danach die Gläser sofort
verschließen.

Erdbeere Balsamico Kuchen im Glas

Zutaten
5 Eier
200 g Zucker
1 Pck. Vanillezucker
250 g Öl
200 g Sahne
30 g Balsamico Essig
1 Prise Pfeffer
250 g Mehl
100 g Erdbeeren
1 Pck. Backpulver

12 Gläser für jeweils 240 ml Inhalt
etwas Butter und Semmelbrösel für die
Gläser

Zubereitung
Alle Zutaten in den Mixtopf geben. Auf Stufe 5/ 1
Minute rühren. Den Teig nach unten schieben und
nochmals 30 Sekunden auf Stufe 5 rühren. Die Gläser
mit Butter gut einfetten und mit Semmelbrösel einstreuen.
Nun die Gläser zur Hälfte mit Teig befüllen und auf das
Backblech stellen. Bei 180 Grad Ober und Unterhitze ca.
30 Minuten backen. Danach die Gläser sofort
verschließen.

Brauner Zucker Bananen Kuchen im Glas

Zutaten
5 Eier
200 g brauner Zucker
1 Pck. Vanillezucker
250 g Öl
250 g Sahne
250 g Mehl
2 Bananen in Stücken
50 g Honig
40 g Erdnüsse
1 Pck. Backpulver

12 Gläser für jeweils 240 ml Inhalt
etwas Butter und Semmelbrösel für die
Gläser

Zubereitung
Alle Zutaten in den Mixtopf geben. Auf Stufe 5/ 1
Minute rühren. Den Teig nach unten schieben und
nochmals 30 Sekunden auf Stufe 5 rühren. Die Gläser
mit Butter gut einfetten und mit Semmelbrösel einstreuen.
Nun die Gläser zur Hälfte mit Teig befüllen und auf das
Backblech stellen. Bei 180 Grad Ober und Unterhitze ca.
30 Minuten backen. Danach die Gläser sofort
verschließen.

Weißwein Rosinen Kuchen im Glas

Zutaten
5 Eier
200 g Zucker
1 Pck. Vanillezucker
250 g Öl
150 g Sahne
100 g Weißwein
1 TL Essig
70 g Rosinen
100 g Mandeln, gemahlen
250 g Mehl
1 TL Spekulatiusgewürz
1 Pck. Backpulver

12 Gläser für jeweils 240 ml Inhalt
etwas Butter und Semmelbrösel für die
Gläser

Zubereitung
Alle Zutaten in den Mixtopf geben. Auf Stufe 5/ 1
Minute rühren. Den Teig nach unten schieben und
nochmals 30 Sekunden auf Stufe 5 rühren. Die Gläser
mit Butter gut einfetten und mit Semmelbrösel einstreuen.
Nun die Gläser zur Hälfte mit Teig befüllen und auf das
Backblech stellen. Bei 180 Grad Ober und Unterhitze ca.
30 Minuten backen. Danach die Gläser sofort
verschließen.

Schokoladen Orangen Kuchen im Glas

Zutaten
5 Eier
200 g Zucker
1 Pck. Vanillezucker
250 g Öl
250 g Sahne
250 g Mehl
50 g Kakao
1 TL Orangenschale
100 g Orangefilets, in Stücken
100 g Haselnüsse, gemahlen
1 Pck. Backpulver

12 Gläser für jeweils 240 ml Inhalt
etwas Butter und Semmelbrösel für die
Gläser

Zubereitung
Alle Zutaten in den Mixtopf geben. Auf Stufe 5/ 1
Minute rühren. Den Teig nach unten schieben und
nochmals 30 Sekunden auf Stufe 5 rühren. Die Gläser
mit Butter gut einfetten und mit Semmelbrösel einstreuen.
Nun die Gläser zur Hälfte mit Teig befüllen und auf das
Backblech stellen. Bei 180 Grad Ober und Unterhitze ca.
30 Minuten backen. Danach die Gläser sofort
verschließen.

Schwarzer Tee Milch Kuchen im Glas

Zutaten
5 Eier
200 g Zucker
1 Pck. Vanillezucker
250 g Öl
150 g Kondensmilch, 10 % Fett
100 g Schwarzer Tee
100 g Kandis braun, zerstoßen
50 g Mandeln, gehackt
30 g Schwarze Teeblätter, getrocknet
250 g Mehl

1 Pck. Backpulver

12 Gläser für jeweils 240 ml Inhalt
etwas Butter und Semmelbrösel für die
Gläser

Zubereitung
Alle Zutaten in den Mixtopf geben. Auf Stufe 5/ 1
Minute rühren. Den Teig nach unten schieben und
nochmals 30 Sekunden auf Stufe 5 rühren. Die Gläser
mit Butter gut einfetten und mit Semmelbrösel einstreuen.
Nun die Gläser zur Hälfte mit Teig befüllen und auf das
Backblech stellen. Bei 180 Grad Ober und Unterhitze ca.
30 Minuten backen. Danach die Gläser sofort
verschließen.

Pistazien Kuchen im Glas

Zutaten
5 Eier
200 g Zucker
1 Pck. Vanillezucker
250 g Öl
150 g Sahne
100 g Amaretto
150 g Pistazien, gehackt
250 g Mehl
1 Pck. Backpulver

12 Gläser für jeweils 240 ml Inhalt
etwas Butter und Semmelbrösel für die
Gläser

Zubereitung
Alle Zutaten in den Mixtopf geben. Auf Stufe 5/ 1
Minute rühren. Den Teig nach unten schieben und
nochmals 30 Sekunden auf Stufe 5 rühren. Die Gläser
mit Butter gut einfetten und mit Semmelbrösel einstreuen.
Nun die Gläser zur Hälfte mit Teig befüllen und auf das
Backblech stellen. Bei 180 Grad Ober und Unterhitze ca.
30 Minuten backen. Danach die Gläser sofort
verschließen. Der Kuchen ist ca. 3 Monate haltbar.

Maronen Kuchen im Glas

Zutaten
5 Eier
200 g Zucker
1 Pck. Vanillezucker
250 g Öl
250 g Sahne
250 g Mehl
100 g Maronen, gekocht
½ TL Zimt
1 Pck. Backpulver

12 Gläser für jeweils 240 ml Inhalt
etwas Butter und Semmelbrösel für die
Gläser

Zubereitung
Alle Zutaten in den Mixtopf geben. Auf Stufe 5/ 1
Minute rühren. Den Teig nach unten schieben und
nochmals 30 Sekunden auf Stufe 5 rühren. Die Gläser
mit Butter gut einfetten und mit Semmelbrösel einstreuen.
Nun die Gläser zur Hälfte mit Teig befüllen und auf das
Backblech stellen. Bei 180 Grad Ober und Unterhitze ca.
30 Minuten backen. Danach die Gläser sofort
verschließen.

Marmor Kuchen im Glas

Zutaten
5 Eier
200 g Zucker
1 Pck. Vanillezucker
250 g Öl
250 g Sahne
250 g Mehl
50 g Kakao
1 Pck. Backpulver

12 Gläser für jeweils 240 ml Inhalt
etwas Butter und Semmelbrösel für die
Gläser

Zubereitung
Alle Zutaten außer den Kakao in den Mixtopf geben. Auf
Stufe 5/ 1 Minute rühren. Den Teig nach unten schieben
und nochmals 30 Sekunden auf Stufe 5 rühren. Die
Gläser mit Butter gut einfetten und mit Semmelbrösel
einstreuen. Die Hälfte des Teiges in die Gläser geben. In
die andere Hälfte das Kakaopulver geben und 30
Sekunden/ Stufe 5 rühren. Den Kakaoteig ebenfalls in die
Gläser geben und mit einer Gabel Marmormuster ziehen.
Die Gläser auf das Backblech stellen. Bei 180 Grad Ober
und Unterhitze ca. 30 Minuten backen. Danach die
Gläser sofort verschließen.

Zitronen Pfeffer Kuchen im Glas

Zutaten
5 Eier
200 g Zucker
1 Pck. Vanillezucker
250 g Öl
150 g Sahne
100 g Zitronensaft
1 Prise Ingwer, gemahlen
250 g Mehl
1 TL Zitronenschale
½ TL Pfeffer, weiß
1 Pck. Backpulver

12 Gläser für jeweils 240 ml Inhalt
etwas Butter und Semmelbrösel für die
Gläser

Zubereitung
Alle Zutaten in den Mixtopf geben. Auf Stufe 5/ 1
Minute rühren. Den Teig nach unten schieben und
nochmals 30 Sekunden auf Stufe 5 rühren. Die Gläser
mit Butter gut einfetten und mit Semmelbrösel einstreuen.
Nun die Gläser zur Hälfte mit Teig befüllen und auf das
Backblech stellen. Bei 180 Grad Ober und Unterhitze ca.
30 Minuten backen. Danach die Gläser sofort
verschließen.

Ananas Kokos Kuchen im Glas

Zutaten
5 Eier
200 g Zucker
1 Pck. Vanillezucker
250 g Öl
200 g Sahne
50 g Rum
250 g Mehl
100 g Ananas, gewürfelt
100 g Kokosraspeln
1 Pck. Backpulver

12 Gläser für jeweils 240 ml Inhalt
etwas Butter und Semmelbrösel für die
Gläser

Zubereitung
Alle Zutaten in den Mixtopf geben. Auf Stufe 5/ 1
Minute rühren. Den Teig nach unten schieben und
nochmals 30 Sekunden auf Stufe 5 rühren. Die Gläser
mit Butter gut einfetten und mit Semmelbrösel einstreuen.
Nun die Gläser zur Hälfte mit Teig befüllen und auf das
Backblech stellen. Bei 180 Grad Ober und Unterhitze ca.
30 Minuten backen. Danach die Gläser sofort
verschließen.

Marzipan Kuchen im Glas

Zutaten
5 Eier
200 g Zucker
1 Pck. Vanillezucker
250 g Öl
250 g Sahne
250 g Mehl
200 g Marzipan Rohmasse
1 Fläschchen Bittermandelöl
1 Pck. Backpulver

12 Gläser für jeweils 240 ml Inhalt
etwas Butter und Semmelbrösel für die
Gläser

Zubereitung
Alle Zutaten in den Mixtopf geben. Auf Stufe 5/ 1
Minute rühren. Den Teig nach unten schieben und
nochmals 30 Sekunden auf Stufe 5 rühren. Die Gläser
mit Butter gut einfetten und mit Semmelbrösel einstreuen.
Nun die Gläser zur Hälfte mit Teig befüllen und auf das
Backblech stellen. Bei 180 Grad Ober und Unterhitze ca.
30 Minuten backen. Danach die Gläser sofort
verschließen.

Orangen Ingwer Kuchen im Glas

Zutaten
5 Eier
200 g Zucker
1 Pck. Vanillezucker
250 g Öl
250 g Sahne
250 g Mehl
100 g Orangenmarmelade
1 TL Ingwer, gemahlen
1 TL Orangenschale, gemahlen
50 g Honig
1 Pck. Backpulver

12 Gläser für jeweils 240 ml Inhalt
etwas Butter und Semmelbrösel für die
Gläser

Zubereitung
Alle Zutaten in den Mixtopf geben. Auf Stufe 5/ 1
Minute rühren. Den Teig nach unten schieben und
nochmals 30 Sekunden auf Stufe 5 rühren. Die Gläser
mit Butter gut einfetten und mit Semmelbrösel einstreuen.
Nun die Gläser zur Hälfte mit Teig befüllen und auf das
Backblech stellen. Bei 180 Grad Ober und Unterhitze ca.
30 Minuten backen. Danach die Gläser sofort
verschließen.

Kandis Gewürz Kuchen im Glas

Zutaten
5 Eier
150 g Zucker
100 g Kandis braun, zerstoßen
1 Pck. Vanillezucker
50 g Honig
50 g Kakao
250 g Öl
250 g Sahne
250 g Mehl
1 TL Honigkuchengewürz
1 Prise Muskat
½ TL Zimt
1 Pck. Backpulver

12 Gläser für jeweils 240 ml Inhalt
etwas Butter und Semmelbrösel für die
Gläser

Zubereitung
Alle Zutaten in den Mixtopf geben. Auf Stufe 5/ 1
Minute rühren. Den Teig nach unten schieben und
nochmals 30 Sekunden auf Stufe 5 rühren. Die Gläser
mit Butter gut einfetten und mit Semmelbrösel einstreuen.
Nun die Gläser zur Hälfte mit Teig befüllen und auf das
Backblech stellen. Bei 180 Grad Ober und Unterhitze ca.
30 Minuten backen. Danach die Gläser sofort
verschließen.

Kirschkuchen im Glas

Zutaten
5 Eier
200 g Zucker
1 Pck. Vanillezucker
250 g Öl
250 g Sahne
250 g Mehl
100 g Kirschen
50 g Kirschwasser
100 g gemahlene Mandeln
100 g Schokoraspeln
½ TL Zimt
1 Pck. Backpulver

12 Gläser für jeweils 240 ml Inhalt
etwas Butter und Semmelbrösel für die
Gläser

Zubereitung
Alle Zutaten in den Mixtopf geben. Auf Stufe 5/ 1
Minute rühren. Den Teig nach unten schieben und
nochmals 30 Sekunden auf Stufe 5 rühren. Die Gläser
mit Butter gut einfetten und mit Semmelbrösel einstreuen.
Nun die Gläser zur Hälfte mit Teig befüllen und auf das
Backblech stellen. Bei 180 Grad Ober und Unterhitze ca.
30 Minuten backen. Danach die Gläser sofort
verschließen.

Vanille Kuchen im Glas

Zutaten
5 Eier
200 g Zucker
1 Pck. Vanillezucker
250 g Öl
250 g Sahne
250 g Mehl
1 Pck. Backpulver
Mark einer Vanilleschote

12 Gläser für jeweils 240 ml Inhalt
etwas Butter und Semmelbrösel für die
Gläser

Zubereitung
Alle Zutaten in den Mixtopf geben. Auf Stufe 5/ 1
Minute rühren. Den Teig nach unten schieben und
nochmals 30 Sekunden auf Stufe 5 rühren. Die Gläser
mit Butter gut einfetten und mit Semmelbrösel einstreuen.
Nun die Gläser zur Hälfte mit Teig befüllen und auf das
Backblech stellen. Bei 180 Grad Ober und Unterhitze ca.
30 Minuten backen. Danach die Gläser sofort
verschließen.

Hagebutten Kuchen im Glas

Zutaten
5 Eier
200 g Zucker
1 Pck. Vanillezucker
250 g Öl
150 g Sahne
100 g Hagebuttentee
250 g Mehl
100 g Hagebutten Marmelade
½ TL Zimt
1 Pck. Backpulver

12 Gläser für jeweils 240 ml Inhalt
etwas Butter und Semmelbrösel für die
Gläser

Zubereitung
Alle Zutaten in den Mixtopf geben. Auf Stufe 5/ 1
Minute rühren. Den Teig nach unten schieben und
nochmals 30 Sekunden auf Stufe 5 rühren. Die Gläser
mit Butter gut einfetten und mit Semmelbrösel einstreuen.
Nun die Gläser zur Hälfte mit Teig befüllen und auf das
Backblech stellen. Bei 180 Grad Ober und Unterhitze ca.
30 Minuten backen. Danach die Gläser sofort
verschließen.

Marzipan Orangen Kuchen im Glas

Zutaten
5 Eier
200 g Zucker
1 Pck. Vanillezucker
250 g Öl
250 g Sahne
250 g Mehl
100 g Marzipanrohmasse
100 g Orangenmarmelade
1 TL Zitronenschale
½ TL Zimt
1 Prise Muskat
1 Prise Pfeffer
1 Pck. Backpulver

12 Gläser für jeweils 240 ml Inhalt
etwas Butter und Semmelbrösel für die
Gläser

Zubereitung
Alle Zutaten in den Mixtopf geben. Auf Stufe 5/ 1
Minute rühren. Den Teig nach unten schieben und
nochmals 30 Sekunden auf Stufe 5 rühren. Die Gläser
mit Butter gut einfetten und mit Semmelbrösel einstreuen.
Nun die Gläser zur Hälfte mit Teig befüllen und auf das
Backblech stellen. Bei 180 Grad Ober und Unterhitze ca.
30 Minuten backen. Danach die Gläser sofort
verschließen.

Sonnenblumenkern Honig Kuchen im Glas

Zutaten
5 Eier
200 g Zucker
1 Pck. Vanillezucker
250 g Öl
250 g Sahne
200 g Mehl
50 g Haferflocken, zart
50 g Honig
100 g Sonnenblumenkerne
50 g Sesam
1 Pck. Backpulver

12 Gläser für jeweils 240 ml Inhalt
etwas Butter und Semmelbrösel für die
Gläser

Zubereitung
Alle Zutaten in den Mixtopf geben. Auf Stufe 5/ 1
Minute rühren. Den Teig nach unten schieben und
nochmals 30 Sekunden auf Stufe 5 rühren. Die Gläser
mit Butter gut einfetten und mit Semmelbrösel einstreuen.
Nun die Gläser zur Hälfte mit Teig befüllen und auf das
Backblech stellen. Bei 180 Grad Ober und Unterhitze ca.
30 Minuten backen. Danach die Gläser sofort
verschließen.

Erdnuss Cashew Kuchen im Glas

Zutaten
5 Eier
200 g Zucker
1 Pck. Vanillezucker
250 g Öl
150 g Sahne
100 g Erdnussbutter
120 g Cashew Kerne
250 g Mehl
1 TL Spekulatiusgewürz
½ TL Zimt
1 Pck. Backpulver

12 Gläser für jeweils 240 ml Inhalt
etwas Butter und Semmelbrösel für die
Gläser

Zubereitung
Alle Zutaten in den Mixtopf geben. Auf Stufe 5/ 1
Minute rühren. Den Teig nach unten schieben und
nochmals 30 Sekunden auf Stufe 5 rühren. Die Gläser
mit Butter gut einfetten und mit Semmelbrösel einstreuen.
Nun die Gläser zur Hälfte mit Teig befüllen und auf das
Backblech stellen. Bei 180 Grad Ober und Unterhitze ca.
30 Minuten backen. Danach die Gläser sofort
verschließen.

Schokoladen Salmiak Kuchen im Glas

Zutaten
5 Eier
200 g Zucker
1 Pck. Vanillezucker
250 g Öl
250 g Sahne
250 g Mehl
50 g Kakao
100 g Salmiakpastillen
100 g Schokolade, geraspelt
1 Pck. Backpulver

12 Gläser für jeweils 240 ml Inhalt
etwas Butter und Semmelbrösel für die
Gläser

Zubereitung
Alle Zutaten in den Mixtopf geben. Auf Stufe 5/ 1
Minute rühren. Den Teig nach unten schieben und
nochmals 30 Sekunden auf Stufe 5 rühren. Die Gläser
mit Butter gut einfetten und mit Semmelbrösel einstreuen.
Nun die Gläser zur Hälfte mit Teig befüllen und auf das
Backblech stellen. Bei 180 Grad Ober und Unterhitze ca.
30 Minuten backen. Danach die Gläser sofort
verschließen.

Milchmädchen Kuchen im Glas

Zutaten
5 Eier
200 g Zucker
1 Pck. Vanillezucker
250 g Öl
200 g Milchmädchen
100 g Milch
250 g Mehl
1 Pck. Backpulver

12 Gläser für jeweils 240 ml Inhalt
etwas Butter und Semmelbrösel für die
Gläser

Zubereitung
Alle Zutaten in den Mixtopf geben. Auf Stufe 5/ 1
Minute rühren. Den Teig nach unten schieben und
nochmals 30 Sekunden auf Stufe 5 rühren. Die Gläser
mit Butter gut einfetten und mit Semmelbrösel einstreuen.
Nun die Gläser zur Hälfte mit Teig befüllen und auf das
Backblech stellen. Bei 180 Grad Ober und Unterhitze ca.
30 Minuten backen. Danach die Gläser sofort
verschließen. Hübsch verpacken und eventuell
verschenken.

Karamell Kuchen im Glas

Zutaten
5 Eier
200 g Zucker
1 Pck. Vanillezucker
250 g Öl
250 g Sahne
250 g Mehl
100 g weiche Karamellbonbons
1 Pck. Backpulver

12 Gläser für jeweils 240 ml Inhalt
etwas Butter und Semmelbrösel für die
Gläser

Zubereitung
Alle Zutaten in den Mixtopf geben. Auf Stufe 5/ 1
Minute rühren. Den Teig nach unten schieben und
nochmals 30 Sekunden auf Stufe 5 rühren. Die Gläser
mit Butter gut einfetten und mit Semmelbrösel einstreuen.
Nun die Gläser zur Hälfte mit Teig befüllen und auf das
Backblech stellen. Bei 180 Grad Ober und Unterhitze ca.
30 Minuten backen. Danach die Gläser sofort
verschließen.

Rum Kuchen im Glas

Zutaten
5 Eier
200 g Zucker
1 Pck. Vanillezucker
250 g Öl
250 g Sahne
50 g Rum
100 g Mandeln, gestiftet
250 g Mehl
1 Pck. Backpulver

12 Gläser für jeweils 240 ml Inhalt
etwas Butter und Semmelbrösel für die
Gläser

Zubereitung
Alle Zutaten in den Mixtopf geben. Auf Stufe 5/ 1
Minute rühren. Den Teig nach unten schieben und
nochmals 30 Sekunden auf Stufe 5 rühren. Die Gläser
mit Butter gut einfetten und mit Semmelbrösel einstreuen.
Nun die Gläser zur Hälfte mit Teig befüllen und auf das
Backblech stellen. Bei 180 Grad Ober und Unterhitze ca.
30 Minuten backen. Danach die Gläser sofort
verschließen.

After Eight Kuchen im Glas

Zutaten
5 Eier
200 g Zucker
1 Pck. Vanillezucker
250 g Öl
250 g Sahne
250 g Mehl
100 g After Eight, zerbröselt
50 g Kakao
50 g Schokostreusel
1 Pck. Backpulver

12 Gläser für jeweils 240 ml Inhalt
etwas Butter und Semmelbrösel für die
Gläser

Zubereitung
Alle Zutaten in den Mixtopf geben. Auf Stufe 5/ 1
Minute rühren. Den Teig nach unten schieben und
nochmals 30 Sekunden auf Stufe 5 rühren. Die Gläser
mit Butter gut einfetten und mit Semmelbrösel einstreuen.
Nun die Gläser zur Hälfte mit Teig befüllen und auf das
Backblech stellen. Bei 180 Grad Ober und Unterhitze ca.
30 Minuten backen. Danach die Gläser sofort
verschließen.

Apfel Marzipan Kuchen im Glas

Zutaten
5 Eier
200 g Zucker
1 Pck. Vanillezucker
250 g Öl
150 g Sahne
100 g Apfelmus
100 g Äpfel in Stücken
50 g Rosinen
50 g Mandeln, gemahlen
250 g Mehl
½ TL Zimt
1 Pck. Backpulver

12 Gläser für jeweils 240 ml Inhalt
etwas Butter und Semmelbrösel für die
Gläser

Zubereitung
Alle Zutaten in den Mixtopf geben. Auf Stufe 5/ 1
Minute rühren. Den Teig nach unten schieben und
nochmals 30 Sekunden auf Stufe 5 rühren. Die Gläser
mit Butter gut einfetten und mit Semmelbrösel einstreuen.
Nun die Gläser zur Hälfte mit Teig befüllen und auf das
Backblech stellen. Bei 180 Grad Ober und Unterhitze ca.
30 Minuten backen. Danach die Gläser sofort
verschließen. Hübsch dekorieren.

Gummibärchen Kuchen im Glas

Zutaten
5 Eier
200 g Zucker
1 Pck. Vanillezucker
250 g Öl
250 g Sahne
250 g Mehl
150 g Gummibärchen
1 Pck. Backpulver

12 Gläser für jeweils 240 ml Inhalt
etwas Butter und Semmelbrösel für die
Gläser

Zubereitung
Alle Zutaten in den Mixtopf geben. Auf Stufe 5/ 1
Minute rühren. Den Teig nach unten schieben und
nochmals 30 Sekunden auf Stufe 5 rühren. Die Gläser
mit Butter gut einfetten und mit Semmelbrösel einstreuen.
Nun die Gläser zur Hälfte mit Teig befüllen und auf das
Backblech stellen. Bei 180 Grad Ober und Unterhitze ca.
30 Minuten backen. Danach die Gläser sofort
verschließen.

Schwarzwälder Kirsch Kuchen im Glas

Zutaten
5 Eier
200 g Zucker
1 Pck. Vanillezucker
250 g Öl
250 g Sahne
250 g Mehl
50 g Kakao
100 g Kirschen aus dem Glas
50 g Kirschwasser
100 g gemahlene Mandeln
100 g Schokostreusel
1 Pck. Backpulver

12 Gläser für jeweils 240 ml Inhalt
etwas Butter und Semmelbrösel für die
Gläser

Zubereitung
Alle Zutaten in den Mixtopf geben. Auf Stufe 5/ 1
Minute rühren. Den Teig nach unten schieben und
nochmals 30 Sekunden auf Stufe 5 rühren. Die Gläser
mit Butter gut einfetten und mit Semmelbrösel einstreuen.
Nun die Gläser zur Hälfte mit Teig befüllen und auf das
Backblech stellen. Bei 180 Grad Ober und Unterhitze ca.
30 Minuten backen. Danach die Gläser sofort
verschließen. Dekorieren und gegebenenfalls
verschenken.

Kokos Rum Kuchen im Glas

Zutaten
5 Eier
100 g Zucker, weiß
100 g Zucker, braun
1 Pck. Vanillezucker
250 g Öl
250 g Sahne
250 g Mehl
50 g Rum
100 g Kokosflocken
1 Fläschchen Rumaroma
1 Pck. Backpulver

12 Gläser für jeweils 240 ml Inhalt
etwas Butter und Semmelbrösel für die
Gläser

Zubereitung
Alle Zutaten in den Mixtopf geben. Auf Stufe 5/ 1
Minute rühren. Den Teig nach unten schieben und
nochmals 30 Sekunden auf Stufe 5 rühren. Die Gläser
mit Butter gut einfetten und mit Semmelbrösel einstreuen.
Nun die Gläser zur Hälfte mit Teig befüllen und auf das
Backblech stellen. Bei 180 Grad Ober und Unterhitze ca.
30 Minuten backen. Danach die Gläser sofort
verschließen.

Pflaumenmus Zimt Kuchen im Glas

Zutaten
5 Eier
200 g Zucker
1 Pck. Vanillezucker
250 g Öl
250 g Sahne
250 g Mehl
100 g Pflaumenmus
1 TL Zimt
1 Prise Pfeffer
50 g Nutella
1 Pck. Backpulver

12 Gläser für jeweils 240 ml Inhalt
etwas Butter und Semmelbrösel für die
Gläser

Zubereitung
Alle Zutaten in den Mixtopf geben. Auf Stufe 5/ 1
Minute rühren. Den Teig nach unten schieben und
nochmals 30 Sekunden auf Stufe 5 rühren. Die Gläser
mit Butter gut einfetten und mit Semmelbrösel einstreuen.
Nun die Gläser zur Hälfte mit Teig befüllen und auf das
Backblech stellen. Bei 180 Grad Ober und Unterhitze ca.
30 Minuten backen. Danach die Gläser sofort
verschließen.

Macadamia Weiße Schokoladen Kuchen im Glas

Zutaten
5 Eier
200 g Zucker
1 Pck. Vanillezucker
250 g Öl
250 g Sahne
250 g Mehl
100 g Weiße Schokolade, gehackt
100 g Macadamia, gehackt
1 Pck. Backpulver

12 Gläser für jeweils 240 ml Inhalt
etwas Butter und Semmelbrösel für die
Gläser

Zubereitung
Alle Zutaten in den Mixtopf geben. Auf Stufe 5/ 1
Minute rühren. Den Teig nach unten schieben und
nochmals 30 Sekunden auf Stufe 5 rühren. Die Gläser
mit Butter gut einfetten und mit Semmelbrösel einstreuen.
Nun die Gläser zur Hälfte mit Teig befüllen und auf das
Backblech stellen. Bei 180 Grad Ober und Unterhitze ca.
30 Minuten backen. Danach die Gläser sofort
verschließen. Der Kuchen ist dann ca. 3 Monate haltbar.

Schoko Chili Kuchen im Glas

Zutaten
5 Eier
200 g Zucker
1 Pck. Vanillezucker
250 g Öl
250 g Sahne
250 g Mehl
50 g Kakao
1 gute Prise Chili
100 g Vollmilch Schokolade, gehackt
1 Pck. Backpulver

12 Gläser für jeweils 240 ml Inhalt
etwas Butter und Semmelbrösel für die
Gläser

Zubereitung
Alle Zutaten in den Mixtopf geben. Auf Stufe 5/ 1
Minute rühren. Den Teig nach unten schieben und
nochmals 30 Sekunden auf Stufe 5 rühren. Die Gläser
mit Butter gut einfetten und mit Semmelbrösel einstreuen.
Nun die Gläser zur Hälfte mit Teig befüllen und auf das
Backblech stellen. Bei 180 Grad Ober und Unterhitze ca.
30 Minuten backen. Danach die Gläser sofort
verschließen.

Lebkuchen im Glas

Zutaten
5 Eier
200 g Zucker
1 Pck. Vanillezucker
250 g Öl
250 g Sahne
250 g Mehl
1 TL Lebkuchengewürz
50 g Kakao
1 Prise Zimt
1 Prise Nelke
1 Pck. Backpulver

12 Gläser für jeweils 240 ml Inhalt
etwas Butter und Semmelbrösel für die
Gläser

Zubereitung
Alle Zutaten in den Mixtopf geben. Auf Stufe 5/ 1
Minute rühren. Den Teig nach unten schieben und
nochmals 30 Sekunden auf Stufe 5 rühren. Die Gläser
mit Butter gut einfetten und mit Semmelbrösel einstreuen.
Nun die Gläser zur Hälfte mit Teig befüllen und auf das
Backblech stellen. Bei 180 Grad Ober und Unterhitze ca.
30 Minuten backen. Danach die Gläser sofort
verschließen. Gegebenenfalls weihnachtlich dekorieren.

Nachtrag zum Impressum/ Copyright

Fotolia com
- quipu
- Picture Factory
- A. Lein
- Michael Tewes
- HL Photo

Herstellung und Verlag:
BoD - Books on Demand, Norderstedt
ISBN 978-3-7347-3012-2